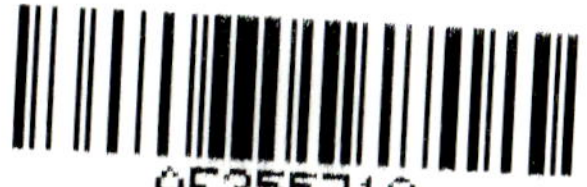
AF255710